Golwg ar dra

Heini Gruffudd

Cyhoeddwyd dan nawdd Cynllun Adnoddau Addysgu a Dysgu CBAC

ⓗ Prifysgol Aberystwyth, 2009 ©
Mae hawlfraint ar y deunyddiau hyn ac ni ellir eu hatgynhyrchu na'u cyhoeddi heb ganiatâd perchennog yr hawlfraint.

Cyhoeddwyd gan y Ganolfan Astudiaethau Addysg, Aberystwyth
(www.caa.aber.ac.uk)

Noddwyd gan Lywodraeth Cynulliad Cymru.
Cyhoeddwyd dan nawdd Cynllun Adnoddau Addysgu a Dysgu CBAC

ISBN: 978-1-84521-317-6

Awdur: Heini Gruffudd
Golygwyd gan Delyth Ifan
Dyluniwyd gan Richard Huw Pritchard
Argraffwyd gan Y Lolfa

Cydnabyddiaethau

Diolch i: Cath Holgate, Shoned Wyn Jones, Delyth Rees ac Angharad Thomas am eu harweiniad gwerthfawr.

Diolch hefyd i athrawon Adrannau'r Gymraeg yn yr ysgolion canlynol am dreialu'r deunydd ac am eu sylwadau adeiladol:
Ysgol Basaleg, Ysgol Uwchradd Caergybi, Ysgol Penfro, Ysgol Uwchradd Penglais, Aberystwyth.

CYNNWYS

Rhagair

Geirfa ddefnyddiol   2

Pethau pwysig   4

Dod o hyd i brif bwyntiau   6

Ymarferion   7

Cyflwyno dadl / pwnc (ymadroddion defnyddiol)   17

Ymateb i ddadl / pwnc (cystrawennau defnyddiol)   26

Atebion posibl   42

Rhagair

Beth yw trawsieithu?

Mae siaradwyr Cymraeg yn gyfarwydd â gwylio teledu Saesneg, gwrando ar radio Saesneg, darllen papurau a chylchgronau Saesneg a phori gwefannau Saesneg.

Maen nhw wedyn, heb sylweddoli efallai, yn gallu trafod y pethau hyn yn Gymraeg. Maen nhw'n 'trawsieithu' heb feddwl am y peth.

Pwrpas y llyfryn hwn yw eich helpu chi i 'drawsieithu' fel hyn. Mae trawsieithu'n gofyn am sgiliau darllen, deall a chrynhoi.

Mae angen sgiliau cyflwyno dadl a barn er mwyn ymateb i'r testun Saesneg.

Ac wrth gwrs, mae angen datblygu sgiliau mynegiant yn y Gymraeg.

Mae geirfa gyffredinol ar ddechrau'r llyfryn – bydd hyn yn help i chi wrth ymateb i'r ymarferion. Prif gorff y llyfryn yw'r ymarferion trawsieithu, sy wedi eu trefnu i gynnig mwy o her wrth fynd ymlaen.

- Mae'r ymarferion cyntaf yn gofyn i chi nodi **prif bwyntiau paragraff**. Maen nhw hefyd yn gofyn i chi **grynhoi'r prif bwyntiau**.
- Yna mae ymarferion sy'n cynnig testun neu ddadl, ac sy'n gofyn i chi **ymateb trwy roi eich barn**. Yn yr ymarferion hyn mae ymadroddion defnyddiol yn cael eu cynnig. Gallwch chi ddefnyddio'r rhain wrth ymateb.
- Mae'r ymarferion nesaf yn cynnig cystrawennau hwylus i'ch helpu chi i **ymateb i bynciau neu ddadleuon**, gan gynnig eich barn eich hun.
- Mae'r ymarferion olaf yn gofyn i chi roi **ymateb llawn i'r testun** sy'n cael ei drafod.

Ymarferion y llyfr

Mae'r darnau yn y llyfr hwn yn sôn am lawer o bynciau: iechyd, problemau alcohol / ysmygu, cael gwaith, yr amgylchedd, cynhesu byd-eang, addysg, egni – dŵr / gwynt / niwclear, y llywodraeth, costau byw, problemau personol, iechyd, troseddau, traffig.

Ar ddiwedd y llyfr mae atebion posibl. Nid dyma'r unig atebion posibl – mae'n siŵr y bydd eich atebion chi'n wahanol ac yn iawn.

Mwynhewch y darllen, y trafod a'r ysgrifennu.

Geirfa ddefnyddiol

addas	*suitable*
afresymol	*unreasonable*
anghytuno	*(to) disagree*
amau	*(to) doubt*
amlygu	*(to) highlight*
annoeth	*unwise*
atebion	*answers*
atebion enghreifftiol	*sample answers*
awgrymu	*(to) suggest*
barn	*opinion*
cefnogi	*(to) support*
crynhoi	*(to) summarise*
cyfarwydd â	*familiar with*
cyfiawnhau	*(to) justify*
cyfieithu	*(to) translate*
cyflwyno	*(to) present*
cystrawen/nau	*syntax, construction/s*
cytuno	*(to) agree*
dadl	*argument*
dal dŵr	*water-tight / make sense*
dilyn	*(to) follow*
di-sail	*without foundation*
doeth	*wise*
ffaith	*fact*
ffeithiau	*facts*
ffurf	*form*
geirfa	*vocabulary*
gwrth-ddadl	*counter argument*

gwybodaeth	*information*
is-gymalau	*sub-clauses*
manylion	*details*
newyddion	*news*
o blaid	*in favour of*
pendant	*definite*
perswadio	*(to) persuade*
prif bwyntiau	*main points*
profiad	*experience*
rhagfarn	*prejudice*
rhesymau	*reasons*
rhesymau ariannol	*financial reasons*
rhesymau cymdeithasol	*social reasons*
rhesymegol	*reasoned, logical*
rhesymol	*reasonable*
safbwynt	*opinion, viewpoint*
tebygol o	*likely to*
trawsieithu	*translingual skills*
y ddadl	*the argument*
ymadroddion	*phrases*
ymarfer	*exercise*
ymateb	*(to) respond; response*
yn erbyn	*against*
yn gyfarwydd â	*acquainted with*
yn gyffredinol	*generally*

Pethau pwysig

Mewn ymarfer trawsieithu mae angen:

◼ **deall y darn darllen**
- am beth mae'r darn yn sôn?
- ydych chi'n gyfarwydd â'r pwnc?
- ydych chi'n deall yr eirfa?
- ydych chi'n gallu dilyn y ddadl?

◼ **gallu crynhoi prif bwyntiau'r darn**
- beth yw prif bwynt y darn?
- beth yw prif bwynt pob paragraff?

Bydd angen i chi feddwl am beth sy'n bwysig yn y darn, ac yn y paragraffau.

◼ **ymateb i'r dasg, nid cyfieithu**
- beth yw barn awdur y darn?
- ydy'r ffeithiau wedi eu cyflwyno'n deg?
- ydy'r ddadl yn dal dŵr?
- beth yw eich barn chi?

Bydd angen i chi wybod y gwahaniaeth rhwng ffeithiau a barn.

◼ **cyflwyno eich barn yn rhesymegol**
- ydych chi'n deall dwy ochr y ddadl?
- pam mae un ochr yn bwysicach?
- beth yw'r peth pwysig i chi?
- beth dydy'r awdur ddim wedi sôn amdano?

Bydd angen i chi ymateb i'r darn, gan gytuno neu anghytuno, a rhoi eich barn.

■ **cyflwyno eich barn gan ddefnyddio Cymraeg da**
- ydych chi'n defnyddio geirfa addas?
- ydych chi'n defnyddio ymadroddion addas?
- ydych chi'n defnyddio brawddegau ac is-gymalau'n iawn?
- ydych chi'n defnyddio idiomau?
- sut ydych chi'n defnyddio iaith i berswadio?

Bydd angen i chi roi sylw i eirfa, idiomau, brawddegau.

■ **ysgrifennu ar ffurf benodol**
- ydych chi'n ysgrifennu llythyr?
- ydych chi'n ysgrifennu erthygl?

Cofiwch ymateb yn ôl y cyfarwyddyd!

Bydd angen i chi feddwl ydy'ch ysgrifennu chi'n addas i'r pwrpas ac i'r ffurf.

> **Dydy ymarfer trawsieithu ddim:**
> - yn gofyn i chi gyfieithu;
> - yn gofyn i chi ddisgrifio'r darn.

Yn y llyfryn hwn byddwn ni'n rhoi sylw i'r canlynol:

1. dod o hyd i brif bwyntiau darn
2. deall y darn
3. geirfa ar destun penodol
4. geirfa, idiomau
5. ffurf (e.e. llythyr, erthygl)
8. ymadroddion cyflwyno dadl a barn.

Dod o hyd i brif bwyntiau

Mae'r ymarferion hyn yn cynnwys paragraffau o bapurau newyddion, cylchgronau, ac areithiau.

Yn aml mae prif bwynt y paragraff mewn un frawddeg, ar ddechrau'r paragraff, neu ar y diwedd.

Weithiau mae mwy nag un prif bwynt. Gall y paragraff ddechrau gyda gwybodaeth bwysig, ac adeiladu at 'ganlyniad' ar y diwedd.

Y prif bwynt yw bod ...

Yn yr ymarferion hyn, ffeindiwch y rhannau o'r frawddeg neu'r brawddegau sy'n cynnwys y prif bwyntiau.

Ar ôl amlygu'r prif bwynt/bwyntiau, ysgrifennwch yr wybodaeth yn fyr yn eich geiriau eich hun. Does dim rhaid cynnwys popeth. Ceisiwch grynhoi'r prif bwynt/bwyntiau.

Mae nifer o atebion enghreifftiol yng nghefn y llyfr. Rhowch gynnig ar yr ymarferion. Edrychwch ar yr atebion enghreifftiol dim ond os oes angen help arnoch chi. Nid yr atebion hyn yw'r unig atebion posibl: gall eich atebion chi fod yn wahanol iawn a hefyd yn gywir.

Ymarferion

Ymarfer 1

Life on other planets **Bywyd ar blanedau eraill**

Our planet is only a small dot in the universe, which, according to astronomers, is expanding continually. Some say that life depends on the balance between matter and anti-matter. The idea that the world is the centre of the universe has vanished, and we are now fairly certain that there are other planets in the universe which have the necessary conditions for life. One of these planets is Gliese 581c, and NASA hopes to discover another 50 planets where life could thrive.

conditions	amodau
life	bywyd
planet/s	planed/au
necessary	angenrheidiol
universe	bydysawd

Ble mae'r prif bwyntiau?

Amlygwch y rhannau o frawddegau sy'n cynnwys y prif bwyntiau. Pam rydych chi wedi dewis y rhain? Trafodwch.

Gallwch chi drafod fel hyn: Mae'r frawddeg gyntaf yn dweud bod y byd yn fach a'r bydysawd yn fawr ac yn tyfu. Mae'r ail frawddeg yn sôn am ddechrau bywyd. Y drydedd frawddeg sy'n rhoi'r prif bwynt: mae bywyd ar blanedau eraill, yn ôl pob tebyg. Mae'r frawddeg olaf yn cyfeirio at blanedau posibl.

Crynhoi yn y Gymraeg

Ysgrifennwch un frawddeg sy'n cynnwys y brif wybodaeth yn y paragraff.

Ymarfer 2

Obesity   Gordewdra

Everyone is agreed that obesity is one of the greatest challenges facing the country. Nearly a quarter of adults are obese after rates rose by 50% in the last decade. The increases among children have been even worse. The government has recognised that the problem needs to be tackled by drawing up an obesity strategy, which will be published on Wednesday.

[Nick Triggle, BBC News ar bbc.co.uk/news]

adults	oedolion	rates	cyfraddau
challenge	her	strategy	strategaeth
decade	degawd	(to) draw up	llunio
government	llywodraeth	(to) publish	cyhoeddi
obese	gordew	(to) tackle	trin
obesity	gordewdra		

Ble mae'r prif bwyntiau?
Amlygwch y rhannau o frawddegau sy'n cynnwys y prif bwyntiau. Pam rydych chi wedi dewis y rhain? Trafodwch.

Gorffennwch y brawddegau hyn:

Mae'r frawddeg gyntaf yn dweud bod ...

Mae'r ail frawddeg yn rhoi manylion, ac mae'r drydedd frawddeg hefyd yn rhoi ...

Mae'r frawddeg nesaf yn dweud beth mae'r ...

Crynhoi yn y Gymraeg
Ysgrifennwch un frawddeg sy'n cynnwys y brif wybodaeth yn y paragraff.

Ymarfer 3

Sleep   Cwsg

Why do people sleep? Even scientists cannot explain why we need sleep. If you stay awake all night, however, you will soon discover how essential sleep is for all of us. The symptoms of losing sleep are well-known: you will probably feel awful, you won't be able to concentrate, and you will be very forgetful. The effects are fairly similar to taking alcohol: you won't be able to do many things, including driving, operating machinery etc. You will begin to talk incoherently. For an unexplained reason, sleep is essential for us to function normally, and it is also essential for our brain. The next time you drink too much, just tell your friends that you've missed out on a little sleep.

awake	ar ddihun	reason	rheswm
brain	ymennydd	scientists	gwyddonwyr
effect	effaith	sleep	cwsg
essential	hanfodol	(to) function	gweithio'n iawn
forgetful	anghofus		

Ble mae'r prif bwyntiau?
Amlygwch y rhannau o frawddegau sy'n cynnwys y prif bwyntiau. Pam rydych chi wedi dewis y rhain? Trafodwch.

Gorffennwch y brawddegau hyn:
- Mae'r brawddegau cyntaf yn dweud beth sy'n digwydd os …
- Mae'r frawddeg olaf ond un yn dweud bod …
- Dydy'r frawddeg olaf ddim yn bwysig: dydy hi ddim yn …

Crynhoi yn y Gymraeg
Ysgrifennwch un frawddeg sy'n cynnwys y brif wybodaeth yn y paragraff.

Ymarfer 4

Inactivity   Anactifedd

Inactivity is one of the biggest problems the Welsh economy faces, yet it has not become a major issue in this general election campaign. The latest figures show there were 448 600 economically inactive people in Wales - more than one in four of the potential workforce of 1.7m people. Getting these people back into work represents a major challenge and an important way of boosting Wales's economic performance. Wales has a higher rate of economic inactivity than most other UK regions, although the UK government has emphasised the success it has had in reducing unemployment.

[Gareth Jones, BBC News ar bbc.co.uk/news]

campaign	ymgyrch	(to) boost	hyrwyddo *(foster)*, cynyddu *(increase)*, gwella *(make better)*
economically inactive	yn anweithredol yn economaidd		
general election	etholiad cyffredinol	(to) emphasise	pwysleisio
inactivity	anactifedd	(to) reduce	lleihau *(to make smaller)*, gostwng *(to lower)*
major challenge	her o bwys		
potential	potensial, posibl	U.K.	y D.U. *(y Deyrnas Unedig)*
region	rhanbarth	workforce	gweithlu
success/es	llwyddiant / llwyddiannau		

Ble mae'r prif bwyntiau?
Amlygwch y rhannau o frawddegau sy'n cynnwys y prif bwyntiau. Pam rydych chi wedi dewis y rhain? Trafodwch.

Y prif bwynt yw bod ...

Y prif bwynt yw bod nifer fawr o bobl ...
Mae mwy o ffeithiau'n cael eu rhoi er mwyn ...
Mae Cymru'n ... ond ffaith ychwanegol yw hon.

Crynhoi yn y Gymraeg
Ysgrifennwch un frawddeg sy'n cynnwys y brif wybodaeth yn y paragraff.

Ymarfer 5

Shortage of oil **Prinder olew**

The shortage of world oil has meant that the price of petrol and diesel has doubled in the last two years. This has caused a considerable increase in transport costs and in turn this has affected the price of food and household goods. Governments are attempting to develop alternative sources of fuel, including developing fuel from plants. Environmentalists, however, argue that valuable agricultural land could be lost and parts of the world are already experiencing food shortages.

agricultural	amaethyddol	household	y cartref
considerable	sylweddol	shortage	prinder
environmentalist	amgylcheddwr	source/s	ffynhonnell / ffynonellau
experiencing (suffering from)	dioddef o	transport	cludiant

Ble mae'r prif bwyntiau?
Amlygwch y rhannau o frawddegau sy'n cynnwys y prif bwyntiau. Pam rydych chi wedi dewis y rhain? Trafodwch.

> Mae sawl prif bwynt yn y darn hwn. Mae'n anodd dweud pa un yw'r pwysicaf, felly mae angen llunio brawddeg sy'n cynnwys tua thri o bwyntiau wrth grynhoi.

Crynhoi yn y Gymraeg
Ysgrifennwch un frawddeg sy'n cynnwys y brif wybodaeth yn y paragraff.

Ymarfer 6

City traffic   Trafnidiaeth y ddinas

The number of drivers is increasing year by year, and town centres are grinding slowly to a halt. Some cities have experimented with congestion charges. Other means of restricting town centre traffic include charging an exorbitant price for parking, developing traffic-free zones, public transport and cycle paths. The problem with congestion charges and parking prices is that they do not affect the better off, while expanding cheap public transport and cycle paths can be a burden on the public purse.

burden	baich
congestion charge	tâl atal tagfeydd
exorbitant	gormodol
(to) experiment	arbrofi
grinding to a halt	tagu
public transport	cludiant cyhoeddus
(to) restrict	cyfyngu
the better off	pobl gefnog

Ble mae'r prif bwyntiau?
Amlygwch y rhannau o frawddegau sy'n cynnwys y prif bwyntiau. Pam rydych chi wedi dewis y rhain? Trafodwch.

Gorffennwch y brawddegau yma.

Mae sawl pwynt …

Mae angen sôn am atebion posibl i …

Crynhoi yn y Gymraeg
Ysgrifennwch un frawddeg sy'n cynnwys y brif wybodaeth yn y paragraff. Mae'n bosib bod yr wybodaeth mewn mwy nag un frawddeg yn y darn hwn.

Ymarfer 7

Globalisation · Globaleiddio

At one time globalisation meant that western economies could find new overseas markets. The development of market economies in eastern Europe and Asia, however, has meant that western countries are no longer the main producers of goods. Production has moved to countries where there is a cheap labour force, with the result that unemployment is particularly high in the traditional industrial areas of western countries. While shops in western Europe can provide a wide range of cheap clothing, for example, there is grave concern that this is available through the exploitation of adults and children in the world's developing countries.

developing countries	gwledydd sy'n datblygu	grave concern	pryder mawr
economies	economïau	labour force	gweithlu
exploitation	ecsbloetio	producers	cynhyrchwyr
globalisation	globaleiddio	unemployment	diweithdra
		western Europe	gorllewin Ewrop

Ble mae'r prif bwyntiau?
Amlygwch y rhannau o frawddegau sy'n cynnwys y prif bwyntiau. Pam rydych chi wedi dewis y rhain? Trafodwch.

Gorffennwch y brawddegau yma.

- Prif bwnc y darn yw …
- Un effaith yw …
- Mae hyn yn …
- Un pryder yw bod …

Crynhoi yn y Gymraeg
Ysgrifennwch ddwy frawddeg sy'n cynnwys y brif wybodaeth yn y paragraff.

Ymarfer 8

Wind and water energy **Egni gwynt a dŵr**

I must object to the proposal to build a barrage across the Severn estuary. I do so on three grounds. In the first place, Wales already produces more energy than it uses. The barrage is unnecessary for the needs of Wales. Secondly, the barrage would be utterly harmful to the wildlife of the area, especially birds and fish. Birds will lose an enormous amount of river banks, on which they depend for food. Fish will not be able to swim upstream. Thirdly, the barrage will change the appearance of the area for ever, and the Severn bore will be lost as a unique natural feature.

appearance	golwg
barrage	morglawdd
energy	egni
harmful	niweidiol
proposal	cynnig
upstream	i fyny'r afon
wildlife	bywyd gwyllt

Ble mae prif bwyntiau'r ddadl?
Amlygwch dri phrif bwynt y ddadl yn erbyn morglawdd môr Hafren.

> **Meddyliwch am egni, bywyd gwyllt a golwg y wlad.**

Crynhoi ac ymateb
Ysgrifennwch frawddeg yn crynhoi'r tri phrif bwynt.

Gwrth-ddadl
Beth yw'r wrth-ddadl?
Ysgrifennwch frawddeg arall i ddadlau pam byddai cael y morglawdd yn beth da.

Ymarfer 9

Legalising drugs **Cyfreithloni cyffuriau**

> Fellow Assembly Members, I wish to propose an amendment to the measure on legalising some kinds of drugs. In our society, we commonly use drugs. Everyone who is treated by a doctor has probably taken drugs. Everyone who drinks alcohol takes drugs. This is all legal. I would like to know why some drugs are still illegal. Illegal drugs criminalise people. We need to legalise some drugs, such as cannabis, so that they do not appeal to young people, and so that they do not become criminals. Many of today's crimes are caused by people who steal to pay for these illegal drugs.

Assembly Members	Aelodau Cynulliad	drugs	cyffuriau
		illegal	anghyfreithlon
criminalise	gwneud pobl yn droseddwyr	legal	cyfreithlon
		(to) propose	cynnig
criminals	troseddwyr		

Ble mae prif bwyntiau'r ddadl?
Nodwch y prif bwyntiau dros wneud cyffuriau'n gyfreithlon.

Crynhoi ac ymateb
Ysgrifennwch frawddeg yn crynhoi'r prif bwyntiau.

> Ydy cyffuriau'n achosi problemau personol? A phroblemau cymdeithasol? Beth am gyffuriau 'caled'?

Gwrth-ddadl
Beth yw'r wrth-ddadl?
Ysgrifennwch frawddeg yn dadlau pam **na** ddylid cyfreithloni cyffuriau.

Ymarfer 10

Health and poverty   Iechyd a thlodi

A report on health and poverty has found that areas of Wales which suffer from high unemployment, and where the average income is lower than the rest of the country, suffer from more health problems. Mortality rates are also higher in these areas, and the average life-span is shorter.

It has been found that people in these areas spend less on fruit, and comparatively more on ready-made meals which are blamed for many medical conditions. Although educating people is seen as a priority, the report stresses that the effect of poverty on health will not be eradicated until incomes rise and unemployment levels decrease.

average income	incwm cyfartalog	*priority*	blaenoriaeth
life-span	rhychwant oes	*report*	adroddiad
medical condition	cyflwr meddygol	*unemployment*	diweithdra
mortality rates	cyfradd marwolaethau		

Ble mae prif bwyntiau'r ddadl?
Amlygwch ddau brif bwynt yr adroddiad.

Crynhoi ac ymateb
Ysgrifennwch frawddeg yn crynhoi'r tri phrif bwynt.

> Ydych chi'n gallu byw a bwyta'n iach os ydych chi'n dlawd? Ydy paratoi bwyd eich hun yn rhatach na phrynu bwyd parod?

Gwrth-ddadl
Beth yw'r wrth-ddadl?

Ysgrifennwch frawddeg yn cynnig gwrth-ddadl.

Cyflwyno dadl / pwnc

Yn y darnau yma caiff pwnc ei gyflwyno.

Mae angen i chi ddeall y ddadl.

Mae angen i chi wybod pryd mae'r ddadl wedi ei seilio ar ffeithiau.

Mae angen i chi ymateb i'r ddadl, trwy ddefnyddio'r ffeithiau.

Mae'n iawn i chi hefyd gael barn bersonol.

Mae angen i chi roi rhesymau i gyfiawnhau eich barn.

Ceisiwch lunio eich barn ar sail ffeithiau a phrofiad.

Mae rhai ymadroddion yn cael eu cynnig ar ddechrau pob darn – ceisiwch eu defnyddio nhw.

Dyma rai defnyddiol:

in my view	yn fy marn i
in spite of	er gwaethaf
on the whole	ar y cyfan
personally	yn bersonol
to say the truth	a dweud y gwir
after all	wedi'r cyfan

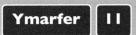

Assessment   Asesu

> *according to ...*   yn ôl ...
> *against*   yn erbyn
> *in favour*   o blaid

Mr P Roberts, the head of the Western Education Board, said that more students are achieving higher grades than ever before. According to Mr Roberts, this is due to better teaching in the country's schools. More and more teachers are qualified to teach their subjects, and pupils are clearly benefiting from this. Mr Roberts said that he was in favour of the new system of assessment through modules and course work. Mr Martin, of the School Inspection Service, said, however, that pupils were taking advantage of the assessment system, and much of their work was being done by parents. He said that he was against assessment through course work, and that assessment should be done mainly through final examinations.

assessment	asesu	modules	modiwlau
course work	gwaith cwrs	qualified	yn gymwys
final	terfynol	than ever before	nag erioed o'r blaen
grades	graddau	(to) achieve	ennill
inspection	arolygu	(to) benefit	elwa

Atebwch:

Pwy sy o blaid asesu trwy waith cwrs?
Pwy sy o blaid arholi trwy arholiad terfynol?
Pam mae myfyrwyr yn gwneud yn well, yn ôl Mr Roberts?
Pam mae arholiadau terfynol yn well, yn ôl Mr Martin?

Gorffennwch y brawddegau:
Crynhowch y dadleuon:

Yn ôl Mr Roberts, mae myfyrwyr yn gwneud yn well achos bod ...

Meddai Mr Roberts ei fod o blaid asesu trwy...

Yn ôl Mr Martin, rhieni sy'n ...

Mae Mr Martin o blaid ...

Eich barn chi
Beth yw eich barn chi am asesu? Rhowch resymau.
Ydych chi o blaid gwaith cwrs, neu arholiadau terfynol? Pam?

Ymarfer 12

Small or large schools   **Ysgolion bach neu fawr**

compared to	o'i gymharu â (g); o'i chymharu â (b) o'u cymharu â (ll)
eventually	yn y pen draw
having said that	wedi dweud hynny
nevertheless	er hynny, serch hynny

I am very surprised that parents are protesting against the closure of five small schools in Caermerlin. One school has just twelve pupils, and the others have under thirty. Compared to larger schools, the cost of providing education in these schools is enormous. Eventually these schools will have to close, so it is better to plan for this now. Having said that, one must acknowledge that teachers have done their best over the years to provide a complete education service. Nevertheless, a small school, compared to a big one, cannot give children some of the best cultural and sporting experiences, such as team playing and choral singing.

choral singing	canu corawl
complete	cyflawn
cultural	diwylliannol
experiences	profiadau
surprised	synnu
(to) acknowledge	cydnabod
(to) provide	darparu

Atebwch:

Beth yw cost addysg mewn ysgol fach, o'i chymharu â chost addysg ysgol fawr?

Pa brofiadau dydy ysgolion bach ddim yn gallu'u rhoi, o'u cymharu ag ysgolion mawr?

Beth fydd yn digwydd i ysgolion bach yn y pen draw?

Gorffennwch y brawddegau:

Mae athrawon yn gwneud eu gorau, ond serch hynny …

O'u cymharu ag ysgolion mawr, mae ysgolion bach yn llai tebygol o …

Mae cost addysg mewn ysgol fach, o'i chymharu ag ysgol fawr …

Yn y pen draw, bydd ysgolion bach …

Eich barn chi

Beth yw eich barn chi am ysgolion bach, o'u cymharu ag ysgolion mawr? Nodwch rai o fanteision ysgolion bach.

Ymarfer 13

Planning application   Cais cynllunio

firstly	yn gyntaf	in the first place	yn y lle cyntaf
secondly	yn ail	in the second place	yn yr ail le
thirdly	yn drydydd	in the third place	yn y trydydd lle

Councillors,
We are discussing today a planning application by Seaflats Construction who want to build a thirty storey block of flats in the marina area. Although other buildings in the marina area are just two or three storeys high, and although some will argue that the new building will change the landscape of Swanvale, and that it will block everyone else's view of the sea, there are many advantages. In the first place it will provide many construction jobs. Secondly, it will bring in a lot of income for the local rates. And in the third place it will be higher than any building in Cardale.

construction	adeiladu	local rates	trethi lleol
income	incwm	planning application	cais cynllunio
jobs	swyddi	storey	llawr
landscape	tirwedd		

Atebwch:
Beth yw manteision y bloc o fflatiau i Swanvale?
Beth yw anfanteision y bloc o fflatiau?

Gorffennwch y brawddegau:
Yn y lle cyntaf, bydd y fflatiau ...
Yn yr ail le, bydd incwm ...
Yn y trydydd lle, bydd yr adeilad ...

> Byddwn i'n pleidleisio dros ...

Eich barn chi
Pe baech chi ar y pwyllgor cynllunio, sut byddech chi'n pleidleisio?
Beth fyddai eich barn chi am yr adeilad? Pam?
Oes rhesymau ariannol?
Oes rhesymau cymdeithasol?

Ymarfer 14

Computer or television **Cyfrifiadur neu deledu**

on average	ar gyfartaledd
on the one hand	ar y naill law
on the other hand	ar y llaw arall

On the one hand TV watching is diminishing among young people, while on the other hand more and more youngsters are spending hours every night by their computer screens. Entertainment is therefore changing from programmes prepared by people who think they know what you want to watch to home entertainment, which is available through CDs, DVDs, the internet and television. Many parents are afraid that their children will be able to access websites which are unsuitable, and there are many dangers on the internet. In future, the television and computer will merge, and with hundreds of channels available, young people will be spoilt for choice. The new world of entertainment is full of possibilities and dangers, not the least being addiction to virtual reality, as young people spend four hours an evening on their computers, on average.

addiction	mynd yn gaeth i (yn y paragraff yma)	internet	rhyngrwyd
computer screen	sgrin cyfrifiadur	(to) diminish	lleihau
entertainment	adloniant	unsuitable	anaddas
		virtual	rhithiol

Atebwch:

Ar gyfartaledd, sawl awr mae pobl ifanc yn eu treulio wrth eu cyfrifiadur bob nos?

Os yw gwylio'r teledu'n lleihau ar y naill law, beth sy'n digwydd i'r defnydd o'r cyfrifiadur ar y llaw arall?

Beth yw dyfodol adloniant yn y cartref?

Gorffennwch y brawddegau:
Mae llawer o rieni'n ofni ...
Yn y dyfodol bydd y teledu a'r cyfrifiadur ...
Ar gyfartaledd, mae pobl ifanc yn ...

Eich barn chi
Ydy pobl ifanc yn treulio gormod o amser ar y cyfrifiadur?
Sut mae eich arferion gwylio/adloniant cartref chi wedi newid?
Beth yw manteision y cyfrifiadur?
Beth yw peryglon y rhyngrwyd?
Ydy pobl ifanc yn mynd i fyw mewn byd afreal?

Ymarfer 15

Using Welsh	Defnyddio'r Gymraeg
sometimes	weithiau
the truth is that	y gwir amdani yw bod
the fact is that	y ffaith amdani yw bod
most	y rhan fwyaf o
when all is said and done	yn y pen draw
without a doubt	heb os

Although more than 20% of pupils in Wales now attend Welsh medium schools, only around 7% come from Welsh-speaking homes. The truth is that most young people who now speak Welsh do not use the language at home. Many others, of course, learn Welsh in English medium schools. Where do these young people have an opportunity to use the language? Without a doubt, some organisations, such as *yr Urdd* and the *Mentrau Iaith* help by organising Welsh language events. Television is available in Welsh. However, the fact is that on the whole the opportunity to use Welsh is limited. Young people in many areas however succeed in organising their own activities where they enjoy using their own language. When all is said and done, Welsh will flourish when young people decide to use Welsh when they set up their own homes.

opportunity	cyfle	Welsh medium	Cymraeg
per cent	y cant	Welsh-speaking	Cymraeg
Welsh language	Cymraeg		

Atebwch:
Beth yw iaith cartref y rhan fwyaf o bobl ifanc?
Ble mae'r rhan fwyaf o bobl ifanc yn dysgu Cymraeg?
Faint o gyfle sy gan bobl ifanc i ddefnyddio'r Gymraeg?

Gorffennwch y brawddegau:
Y gwir amdani yw bod y rhan fwyaf o bobl ifanc yn …
Mae'r rhan fwyaf o bobl ifanc yn byw …
Mae rhai mudiadau, heb os, yn trefnu …
Yn y pen draw bydd y Gymraeg yn ffynnu …

Hoffwn i weld …
Hoffwn i gael …
Hoffwn i fynd i …

Eich barn chi
Oes digon o gyfle i ddefnyddio'r Gymraeg?
Faint o gyfle sy gan bobl ifanc i ddefnyddio'r Gymraeg?
Ydy ysgolion yn gwneud digon i gael pobl i siarad Cymraeg?
Ble hoffech chi weld mwy o Gymraeg yn cael ei defnyddio?

| Welsh activities | gweithgareddau Cymraeg |
| using Welsh socially | defnyddio'r Gymraeg yn gymdeithasol |

Ymarfer 16

A party in the park **Parti yn y parc**

I'd rather	Byddai'n well gen i
I prefer	Mae'n well gen i
I'm glad	Mae'n dda gen i / Rydw i'n falch

We have had an application for a musical event in the park for the end of August. Does anyone have an opinion?

"I would rather see the event in the football stadium."

"I'm glad that they're coming to Swandale."

"How many people do we expect?"

The organisers tell me that there will be around 30,000 people in the event. Half of those will be local people, but the other half will need camping facilities.

"That would ruin the park."

"There won't be enough parking places."

"How on earth can we cope with that? We will need a few hundred toilets."

"I prefer going to a concert in a hall."

Can we come to a decision?

"Well I prefer classical concerts in the park."

"The town will be in chaos for days."

So do we refuse permission?

"Tell them that if they can organise the camping somewhere else, and buses, that they can go ahead."

"And tell them to pay for police costs."

application	cais	*permission*	caniatâd
decision	penderfyniad	*stadium*	stadiwm
facilities	cyfleusterau	*(to) ruin*	difetha
organisers	trefnwyr		

Atebwch:

Pam dydy rhai o'r cynghorwyr ddim am gael y parti yn y parc?

Beth fyddai'n well gan rai ohonyn nhw?

Pa drefniadau fyddai'n well i'r trefnwyr eu gwneud?

Eich barn chi

Beth yw eich barn chi ar gael y parti yn y parc? Pam?

Ydych chi wedi bod mewn digwyddiad fel yna? Beth yw'r prif broblemau i'r trefnwyr? A fyddai'n well gennych chi gael parti yn y parc neu mewn stadiwm? A fyddech chi'n rhoi caniatâd i'r parti?

Ymateb i ddadl / pwnc

Yn yr ymarferion hyn mae angen i chi ymateb i'r ddadl neu i'r pwnc.

Mae llawer o'r darnau yma'n cynnwys ffeithiau. Mae angen defnyddio ffeithiau yn sail i ddadl ac ymateb.

Mae angen i chi wybod pryd mae barn wedi'i seilio ar ffeithiau, a phryd nad oes sail i'r farn. Bydd hyn yn help i chi wrth ymateb i'r testun.

Pan fyddwch chi'n ymateb, mae angen i chi ddefnyddio ffeithiau'n sail i'ch barn, lle y mae hynny'n bosibl.

Mae patrymau brawddegau'n cael eu cynnig i chi ar ddechrau'r ymarfer – ceisiwch eu defnyddio nhw.

Bydd y berfau hyn yn help i chi wrth ddweud eich barn:

(to) agree	cytuno
(to) be surprised	synnu
(to) believe	credu
(to) disagree	anghytuno/anghydweld
(to) doubt	amau
(to) propose	cynnig
(to) suggest	awgrymu
(to) worry	poeni

Ymarfer 17

Women's pay — **Cyflog menywod**

I'm worried that	dw i'n poeni bod
I'm surprised that	dw i'n synnu bod
I'm sure that	dw i'n siŵr bod
I believe that	dw i'n credu bod

The pay gap between men and women narrowed between 2006 and 2007 to its lowest value since records began.

The gap between women's median hourly pay and men's was 12.6%, compared with a gap of 12.8% recorded in April 2006.

The median hourly rate for men went up 2.8% to £11.96, while the rate for women increased by 3.1% to £10.46.

The largest difference was in the South East, where women's median pay was 15.9% less than men's. The smallest gap was 2.8% in Northern Ireland.

Internationally, women's average hourly pay (excluding overtime) was 17.2% less than men's pay, showing a decrease on the comparable figure of 17.5% for 2006.

In 2007, median weekly earnings of full-time employees for women were £394, which is 21% less than those for men (£498). There was no change from 2006.

Women's weekly earnings, including overtime, were lower than men's. This was partly because they worked fewer paid hours per week.

earnings	enillion
gap	bwlch
hourly pay	tâl yr awr
median	canolrif
overtime	goramser
pay	tâl, cyflog

Atebwch:

Ydych chi'n synnu bod cyflog menywod yn llai na chyflog dynion?

Ydych chi'n siŵr bod menywod yn ennill llai o gyflog na dynion yng Nghymru?

Ydych chi'n poeni bod cyflog menywod yn llai?

Rhowch reswm pam mae cyflog menywod yn gallu bod yn llai na chyflog dynion.

Crynhoi

Crynhowch brif bwyntiau'r darn.

Eich barn chi

Rhowch eich barn am gyflog menywod. Pam mae tuedd i fenywod ennill llai o arian? Sut mae modd newid y sefyllfa?

Ymarfer 18

Accidents at work	**Damweiniau yn y gwaith**
it is possible to argue that	mae hi'n bosibl dadlau bod
it is sometimes said that	dywedir weithiau fod
it's worth remembering that	mae hi'n werth cofio bod
it's better to think that	mae hi'n well meddwl bod

In one recent year:
- 212 workers were killed at work (a rate of 0.7 per 100 000 workers);
- 28 605 major injuries to employees were reported (rate of 110.0 per 100 000);
- 117 471 injuries were caused to employees causing absence of over 3 days (a rate of 452.2 per 100 000);
- 328 000 injuries were reportable (a rate of 1200 per 100 000 workers).

Provisional statistics show that mining and utility supply industry employees had the highest rate of injury per 100 000 employees for all injuries at 1090.3, followed closely by manufacturing at 988.5, and construction at 945.8. Agricultural employees, however, have the highest rate of fatal injury at 4.6 as compared to extractive and utility supply industries (3.8) and construction (3.5). Construction has the highest major injury rate at 310.2, followed by extractive and utility supply industries (238.2) and agriculture (212.7).

agricultural	amaethyddol
construction	adeiladu
employee	gweithiwr
injury	anaf
injuries	anafiadau
manufacturing	cynhyrchu
mining	mwyngloddio
statistics	ystadegau
utility	gwasanaeth

Atebwch:

Sut mae hi'n bosibl dadlau bod amaethyddiaeth yn ddiwydiant peryglus? Ydych chi'n gallu dadlau bod mwyngloddio yn ddiwydiant peryglus? Dywedir weithiau bod mwyngloddio'n fwy peryglus na phob diwydiant arall. Beth yw'r ffeithiau?

Crynhoi

Crynhowch yr wybodaeth yn y darn, gan nodi'r diwydiannau mwyaf peryglus o ran anafiadau a marwolaethau.

Eich barn chi

Pam mae pobl yn gweithio mewn diwydiannau peryglus?

Ymarfer 19

A letter to the editor   Llythyr at y golygydd

the author says that	mae'r awdur yn dweud bod
the letter suggests that	mae'r llythyr yn awgrymu bod
they believe that	maen nhw'n credu bod
it is noted that	nodir bod / maen nhw'n nodi bod
the advantages are	y manteision yw
the disadvantages are	yr anfanteision yw

Dear Sir,

Once again we see our local council flouting local opinion. They have decided to take down twenty trees in East Cross, so that they can build a new Welsh medium school.

These trees have been in place for hundreds of years. Indeed, the wood from some of the oak trees in this area was used to build ships for Nelson.

The trees are therefore linked to old tradition, and should be preserved as part of our national heritage.

Nobody in this part of the world speaks Welsh, so I don't see the need for yet another Welsh medium school. They say that the other Welsh medium schools in Swanvale are full, but I'm pretty sure that there will be no demand around here.

The advantages of Welsh medium education cannot compare to the disadvantages to this area of taking down these trees.

heritage	treftadaeth
oak trees	coed derw
preserve	gwarchod
tradition	traddodiad
(to) to compare to	cymharu â
(to) flout	mynd yn erbyn; anwybyddu

Atebwch:
Beth mae'r awdur yn ei ddweud am y coed?
Sut mae'r llythyr yn awgrymu nad oes galw am addysg Gymraeg?
Ydych chi'n credu bod yr awdur o blaid addysg Gymraeg? Pam?

Crynhoi
Crynhowch ddadleuon y llythyr mewn un frawddeg.

Eich barn chi
Ysgrifennwch lythyr at y papur yn rhoi eich safbwynt chi. Cyfeiriwch at y llythyr yn eich ateb.

Ymarfer 20

Youth crime   **Troseddau ieuenctid**

I bwysleisio:

they believe that	maen nhw'n credu mai
they say that	maen nhw'n dweud mai
I believe that	rydw i'n credu mai
the article claims that	mae'r erthygl yn honni mai
the police suggest that	mae'r heddlu'n awgrymu mai

e.e.

mai ... yw ...

Maen nhw'n credu mai smygu yw'r peth gwaetha.
Mae'r awdur yn dweud mai alcohol yw'r drwg.

mai ... sy ...

Maen nhw'n credu mai smygu sy'n achosi'r clefyd.
Rydw i'n siŵr mai pobl ifanc sy'n ...

What causes youth crime?

These are some of the major risk factors that increase the chances of young people committing crimes:

- troubled home life
- poor attainment at school, drug or alcohol misuse and mental illness
- deprivation such as poor housing or homelessness
- peer group pressure.

We have introduced a number of new measures designed to prevent offending and reoffending, some of which include:

- **Referral Orders** – the young person is required to agree a contract of behaviour with their parents/guardians and the victim (where appropriate), to repair the harm caused by the offence and address the causes of the offending behaviour.
- **Action Plan Orders** – three-month, intensively supervised community service programmes.
- **Reparation Orders** – court orders requiring a young person to repair the harm caused to an individual or the community.
- **Parenting Orders** – a requirement for parents to attend counselling and guidance sessions where they receive help in dealing with their children.
- **Electronic Tagging**, as part of an Intensive Supervision & Surveillance Programme (ISSP) – for the most persistent offenders aged 12-16 years old, on bail or on remand in local authority accommodation.

(addaswyd o wefan y Swyddfa Gartref)

action plan	cynllun gweithredu	misuse	camddefnyddio
attainment	cyrhaeddiad	offend	troseddu
commit a crime	cyflawni trosedd	order	gorchymyn
community service	gwasanaeth cymunedol	parenting order	gorchymyn rhieni
		referral order	gorchymyn cyfeirio
deprivation	amddifadedd	reoffend	aildroseddu
electronic tagging	tagio electronig	reparation	gwneud iawn
homelessness	digartrefedd		

Atebwch:
Ydyn nhw'n credu mai amddifadedd sy'n gyfrifol am droseddau ieuenctid?
Ydyn nhw'n dweud mai ysgolion sy ar fai?
Ydy'r erthygl yn awgrymu bod modd datrys y broblem?

Crynhoi
Beth yw'r prif ffactorau risg sy'n achosi i bobl ifanc droseddu? Beth mae'r Swyddfa Gartref wedi'i wneud i ddatrys pethau?

Eich barn chi
Ysgrifennwch erthygl 200 o eiriau i'ch papur ysgol/coleg yn sôn am droseddau ieuenctid yn eich ardal chi. Ydych chi'n credu mai amgylchiadau cymdeithasol sy'n gyfrifol? Ydych chi'n credu bod atebion y Swyddfa Gartref yn help? Sut byddech chi'n mynd ati i ddatrys y broblem?

Ymarfer 21

The dangers of alcohol / Peryglon alcohol

Alcohol is a widely used drug which has many adverse effects on health, and causes premature death of thousands of people annually. It is a poison that can cause irreversible damage to the liver, which labours to remove it from the body. Heavy drinking is blamed for up to 33 000 deaths a year in the UK. In Britain, nearly one in ten men and one in twenty women drinkers have an alcohol problem. Over 9m people in the UK drink at levels that place their long-term health at risk.

Accidents, disease and deterioration of the body are all unpleasant consequences of alcohol consumption. Drinkers are more likely to have casual sex that leads to unwanted pregnancies and sexually transmitted diseases. Alcohol is estimated to be a factor in 20-30% of accidents worldwide. Long-term alcoholics often suffer from alcoholic myopathy, a muscle-wasting condition that causes extreme tiredness after physical activity. Long-term alcoholics also lose bone mass as alcohol affects the way calcium is processed by the body.

Benefits of alcohol   Lles alcohol

Nevertheless, the body can deal with moderate alcohol consumption, and some research suggests that there are some beneficial effects. The liver can remove alcohol from the body at the rate of one unit per hour. Research has shown that moderate consumption of wine and beer is good for the heart. Moderate consumption of alcohol by young women is thought to prevent high blood pressure. Research has suggested that moderate alcohol consumption may reduce the risk of Alzheimer's disease in ageing drinkers. Drinking helps people to relax in social situations.

damage	niwed	muscles	cyhyrau
death	marwolaeth	poison	gwenwyn
effect	effaith/effeithiau	reduce	lleihau
liver	afu / iau	research	ymchwil
long-term	tymor hir	sex	rhyw
moderate	cymedrol	tiredness	blinder

Ymarferion:

Prif bwyntiau:

Mae tri pharagraff. Nodwch brif bwynt pob paragraff. Trafodwch.

1. Adran 1:
2. Adran 2:
3. Adran 3:

Deall:

1. Beth yw prif beryglon alcohol i'r corff?
2. Pa bethau annymunol sy'n digwydd oherwydd yfed gormod o alcohol?
3. Esboniwch sut mae alcohol yn gallu bod yn ddymunol.

Tasg:

Rydych yn siarad â grŵp o bobl ifanc mewn clwb ieuenctid am alcohol. Paratowch araith yn nodi:

1. sut mae alcohol yn gallu bod yn ddymunol
2. peryglon goryfed
3. rhowch eich casgliad/barn

Ymarfer 22

A Welsh Army?   Byddin Gymreig?

One argument that has been put forward against Welsh independence is that Wales is not big enough to have an army, and that the cost of raising an army in Wales would be excessive.

The argument goes on: Wales, without an effective army, would not be able to fight or defeat any invading army. We depend on the U.K. army, and the military might of its weapons.

It is worth questioning this. The first argument is clearly false. Wales has almost always provided the U.K. army with more than its fair share of soldiers. Wales is just as capable as other small countries of raising an army. Ireland is a case in point. No foreign power has discussed invading Ireland just because of the size of its army.

The idea that a Welsh army would be ineffective is also a false argument. Against whom would we defend Wales? If eastern powers were to invade Wales, they would have had to pass most of Europe on their way. Usually it is neighbouring countries which do the invading. If an independent Wales co-existed peacefully and amicably with an independent England and Scotland, there is no reason to fear an invader.

The Welsh Army, in any event, would probably be part of a British Isles, European and U.N. force, and also of NATO. Wales would contribute its fair share to world peace-keeping. And it would certainly avoid the defence of far-flung parts of the extinct British Empire.

Ymarferion:

Prif bwyntiau:
Beth yw'r prif ddadleuon yn erbyn cael byddin i Gymru mewn Cymru annibynnol?

Sut mae'r awdur yn dadlau o blaid cael byddin i Gymru?

Deall:
1. Pa berygl sy y bydd gwledydd yn ymosod ar Gymru?
2. Sut byddai byddin Cymru'n gallu cyfrannu at heddwch y byd?

Tasg:
Ysgrifennwch erthygl i'ch papur lleol neu genedlaethol yn dadlau naill ai o blaid neu yn erbyn cael byddin i Gymru annibynnol.

Ymarfer 23

European heatwave caused 35 000 deaths

Y gwres mawr yn Ewrop yn achosi 35 000 o farwolaethau

At least 35 000 people died as a result of the record heat wave that scorched Europe in August 2003, says an environmental think tank.

The Earth Policy Institute (EPI), based in Washington DC, warns that such deaths are likely to increase, as "even more extreme weather events lie ahead".

The EPI calculated the huge death toll from the eight western European countries with data available. "Since reports are not yet available for all European countries, the total heat death toll for the continent is likely to be substantially larger," it says in a statement.

France suffered the worst losses, with 14 802 people dying from causes attributable to the blistering heat. This is "more than 19 times the death toll from the SARS epidemic worldwide", notes the EPI.

Silent killer

August 2003 was the hottest August on record in the northern hemisphere. But projections by the Intergovernmental Panel on Climate Change predict more erratic weather, the EPI notes. By the end of this century, the average world temperature is projected to climb by 1.4 to 5.8°C.

"Though heat waves rarely are given adequate attention, they claim more lives each year than floods, tornadoes, and hurricanes combined," warns the EPI. "Heat waves are a silent killer, mostly affecting the elderly, the very young, or the chronically ill."

The soaring August heat claimed about 7000 lives in Germany, nearly 4200 lives in both Spain and Italy. Over 2000 people died in the UK, with the country recording its first ever temperature over 100° Fahrenheit on 10th August.

Cooling mechanisms

High temperatures are well known to result in a rise in deaths, as is cold weather. When the body is subjected to extreme heat, it struggles to maintain its ideal temperature of 37°C. The body attempts to do this by sweating and pumping blood closer to the skin, but high heat and humidity can confine these cooling mechanisms.

If the internal body temperature rises above 40°C, vital organs are at risk and if the body cannot be cooled, death follows.

Over the last 25 years, the average global temperature has risen by 0.6°C. The World Meteorological Organization estimates that the number of heat-related deaths could double in less than 20 years.

The EPI says it is confident that the August heat wave has broken all records for heat-related deaths and says the world must cut the carbon dioxide emissions that contribute to global warming.

[NewScientist.com news service;
Shaoni Bhattacharya]

average	cyfartaledd; cyfartalog (ans.)
carbon dioxide	carbon deuocsid
(to) contribute	cyfrannu at
estimate	amcangyfrif
extreme heat	gwres eithafol
floods	llifogydd
global warming	cynhesu byd-eang
heatwave	ton wres
northern hemisphere	hemisffer y gogledd
on average	ar gyfartaledd
temperature	tymheredd

Torri'r jargon

at risk	mewn perygl
attributable to	y mae modd eu priodoli i
death toll	nifer y rhai a fu farw / nifer y meirw
European countries	gwledydd Ewrop
heat related deaths	achosion marw'n ymwneud â gwres
on record	sydd wedi'i gofnodi
struggles to ...	ei chael hi'n anodd i ...

Ymarferion:

Prif bwyntiau:

Mae'r darn wedi ei ysgrifennu mewn tair adran. Trafodwch beth yw prif bwynt yr adrannau.

[1] Adran 1:
[2] Adran 2:
[3] Adran 3:

Deall:

[1] Pam mae mwy o bobl yn debyg o farw yn yr haf yn y dyfodol?
[2] Sut mae'r corff yn ceisio delio â gwres?
[3] Pam mae'r henoed a'r ifanc a'r sâl yn debygol o gael eu heffeithio?
[4] Beth oedd yn arbennig am y D.U. yn haf 2003?
[5] Sut gall pobl helpu i osgoi cynhesu byd-eang?

Tasg:

Ysgrifennwch erthygl i bapur misol eich ysgol/coleg/tref yn disgrifio:

1. peryglon y cynnydd yn nhymheredd y byd
2. beth gall pobl ei wneud i geisio amddiffyn eu hunain pan fydd gwres mawr

Ymarfer 24

Teenage pregnancies **Beichiogi yn yr arddegau**

The UK has the highest teenage birth rates in Western Europe - twice as high as in Germany, three times as high as in France and six times as high as in the Netherlands.

The government says it can do no more without the help of parents, while others are again calling for a broadening of sex and relationship education in schools.

While there is often broad agreement on the root causes, there are differences over the "cure" that range, in their simplest terms, from promoting abstinence and traditional family values to encouraging more openness about sex and relationships.

A report by the government's Social Exclusion Unit, which forms the basis for its teenage pregnancy policy, says a number of factors stand out when looking at the reasons for the UK phenomenon.

Low expectations of education and employment opportunities for some young people, ignorance about contraception, and mixed messages about sex from the adult world are all cited.

Brook, which provides sexual health advice to young people, mostly agrees with the government's assessment, but says it needs to learn from the openness of other European countries.

Chief Executive Jan Barlow said there were three main reasons why so many other countries enjoyed lower pregnancy and STI rates.

Good comprehensive sex and relationship education, better access to young people-friendly services, and a more open attitude to sex, she says, lead to young people making different decisions.

"We've got to normalise these issues. One way to do that is to make sex and relationship education in schools compulsory, as part of the PHSE (Personal, Social and Health Education) curriculum."

Having lived in Scandinavia, she has first-hand experience of a region that has a "different attitude" towards sex and enjoys low rates of teenage pregnancy.

"Here we get really into things like Celebrity Love Island, wondering whether these people are going to have sex on TV. In the UK we can deal with the fantasy but not what the reality is for young people." Sex is around, it seems, but no-one is talking to young people about it, she adds.

But Brook's position is vehemently disputed by think tank Civitas. Deputy director Robert Whelan said the high rates were mostly down to the breakdown of the family.

"You can't just treat this in isolation, give them contraception and hope that will be the end of the problem. In any case, they are not efficient users of contraception."

Mr Whelan said the government thought it could solve the problem by "transferring money from one section of the community to another via the welfare system".

(addaswyd o BBC News ar bbc.co.uk/news)

abstinence	ymatal
birth rates	cyfraddau geni
contraception	atal cenhedlu
expectations	disgwyliadau
normalise	normaleiddio
relationships	perthnasoedd
sex	rhyw
social exclusion unit	uned all-gau cymdeithasol

Ymarferion:

Prif bwyntiau:

Trafodwch beth yw prif bwyntiau'r rhain:

- Beichiogi ymysg rhai yn yr arddegau, o'i gymharu â gwledydd eraill
- Awgrymiadau'r uned all-gau cymdeithasol
- Safbwynt Brook
- Safbwynt Civitas

Deall:

1. Sut mae'r llywodraeth am ddatrys y broblem?
2. Beth yw'r prif wahaniaeth rhwng y D.U. a gwledydd y cyfandir, yn ôl Brook?
3. Pam mae Civitas yn anghytuno â Brook?

Tasg:

Ysgrifennwch erthygl i bapur misol eich ysgol/coleg/tref yn disgrifio:

1. natur y broblem;
2. agweddau at y broblem, gan y llywodraeth a chyrff eraill;
3. beth gallai pobl ei wneud i sicrhau bod llai o feichiogi'n digwydd ymysg rhai yn eu harddegau.

Atebion posibl

Mae'r adran hon yn cynnig atebion posibl.
Mae hi'n bosibl y bydd eich atebion chi'n wahanol, ond hefyd yn iawn!
Mae'r adran hon hefyd yn cynnig sylwadau ar yr atebion posibl. Trafodwch a phenderfynwch!

Ymarfer

Ble mae'r prif bwyntiau?

… we are now fairly certain that there are other planets in the universe which have the necessary conditions for life. One of these planets is Gliese 581c, and NASA hopes to discover another 50 planets where life could thrive.

Crynhoi yn y Gymraeg
Mae bywyd ar blanedau eraill, yn ôl pob tebyg.

✔ Mae hon yn frawddeg fer iawn. Oes angen dweud mwy? Ydy'r frawddeg yn crynhoi'r prif bwynt?

Ymarfer 2

Ble mae'r prif bwyntiau?

Everyone is agreed that obesity is one of the greatest challenges facing the country ... The government has recognised that the problem needs to be tackled by drawing up an obesity strategy, which will be published on Wednesday.

Crynhoi yn y Gymraeg
Mae gordewdra'n un o'r prif broblemau yn y wlad, ac mae'r llywodraeth wedi llunio strategaeth i ddelio â'r broblem.

✔ Mae'r darn yn cynnwys llawer o fanylion. Oes angen eu rhoi yn y frawddeg sy'n crynhoi? Ydy'r frawddeg hon yn rhoi prif syniad y darn?

Ymarfer 3

Ble mae'r prif bwyntiau?

For an unexplained reason, sleep is essential for us to function normally, and it is also essential for our brain.

Crynhoi yn y Gymraeg
Mae cysgu'n hanfodol er mwyn i'r ymennydd weithio.

→ er mwyn i   in order to... , so that ...

Ymarfer 4

Ble mae'r prif bwyntiau?

> Inactivity is one of the biggest problems the Welsh economy faces, yet it has not become a major issue in this general election campaign.

Crynhoi yn y Gymraeg

Un o brif broblemau Cymru yw anactifedd economaidd, ac er bod hyn yn her enfawr, dydy hyn ddim eto'n destun o bwys yn yr etholiad cyffredinol.

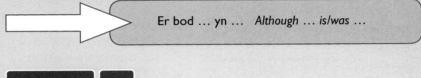

Er bod ... yn ...   Although ... is/was ...

Ymarfer 5

Ble mae'r prif bwyntiau?

> The shortage of world oil has meant that the price of petrol and diesel has doubled ... Governments are attempting to develop alternative sources of fuel, ... Environmentalists, however, argue that valuable agricultural land could be lost ...

Crynhoi yn y Gymraeg

Mae prisiau tanwydd wedi dyblu ond mae amgylcheddwyr yn dadlau na ddylai llywodraethau ddatblygu ffynonellau tanwydd a fyddai'n dwyn tir amaethyddol.

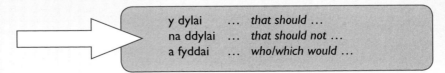

y dylai	...	that should ...
na ddylai	...	that should not ...
a fyddai	...	who/which would ...

Ymarfer 6

Ble mae'r prif bwyntiau?

… town centres are grinding slowly to a halt. … The problem with congestion charges and parking prices is that they do not affect the better off, while expanding cheap public transport and cycle paths can be a burden on the public purse.

Crynhoi yn y Gymraeg
Wrth i ganol dinasoedd ddioddef gan ormod o draffig, mae gwahanol atebion wedi eu cynnig, gan gynnwys tâl atal tagfeydd, codi pris parcio, datblygu cludiant cyhoeddus a llwybrau beicio, ond mae costau'r rhain yn debygol o effeithio mwy ar bobl lai cefnog.

> **X**
> Un frawddeg sy yma, ond ydy hi'n rhy hir ac yn rhy gymhleth? Symleiddiwch yr ateb yma.

Ymarfer 7

Ble mae'r prif bwyntiau?

… globalisation … Production has moved to countries where there is a cheap labour force, … unemployment is particularly high in the traditional industrial areas … concern that this is available through the exploitation of adults and children in the world's developing countries.

Crynhoi yn y Gymraeg
Trwy globaleiddio mae cynhyrchu nwyddau wedi symud i wledydd sy'n datblygu lle mae llafur yn rhad. Mae dau bryder: y naill yw diweithdra yng ngwledydd y gorllewin a'r llall yw ein bod yn ecsbloetio pobl y gwledydd sy'n datblygu.

➡ Y naill… y llall…   one… the other…

Ymarfer 8

Ble mae'r prif bwyntiau?

> Wales already produces more energy than it uses; ...the barrage would be utterly harmful to the wildlife of the area, ... the barrage will change the appearance of the area for ever ...

Crynhoi'r prif bwyntiau
Mae Cymru'n cynhyrchu digon o egni, a bydd y morglawdd yn niweidiol i fywyd gwyllt ac yn newid golwg yr ardal am byth.

Gwrth-ddadl
Mae'r angen am egni'n mynd i gynyddu, a bydd cael egni trwy'r morglawdd yn ffordd o gael egni heb achosi cynhesu byd-eang.

✗ Oes rhaid ailadrodd 'egni' mor aml? Dydy hyn ddim yn arddull dda.

Beth am:
"Mae'r angen am egni'n mynd i gynyddu, a bydd cynhyrchu trydan trwy'r morglawdd yn ffordd dda o beidio cyfrannu at gynhesu byd-eang."

Ymarfer 9

Ble mae'r prif bwyntiau?

> Everyone who is treated by a doctor has probably taken drugs. Everyone who drinks alcohol takes drugs… Illegal drugs criminalise people.

> ✗ Peidiwch â chyfieithu'n llythrennol. Mae'n ddigon dweud: "wedi cael cyffuriau gan y meddyg".

Crynhoi'r prif bwyntiau
Mae'r rhan fwyaf o bobl wedi cymryd cyffuriau wrth gael eu trin gan feddygon ac wrth yfed alcohol, ond mae cyffuriau anghyfreithlon yn gwneud pobl yn droseddwyr.

> ✓ Mae angen dweud pethau'n wahanol i'r Saesneg. Beth yw 'criminalise' yn Gymraeg? Mae 'gwneud person yn droseddwr' yn rhoi'r un syniad.

Gwrth-ddadl
Mae cymryd cyffuriau ysgafn yn gallu arwain at gymryd cyffuriau caled: mae angen lleihau'r swm o gyffuriau rydyn ni'n eu cymryd, nid ei gynyddu.

> ✓ Os ydych chi'n ysgrifennu un frawddeg, cofiwch fod modd cysylltu gwahanol rannau o'r frawddeg trwy ddefnyddio 'a', 'ond', ';' ac ':'. Mae ':' yn cyflwyno rhestr, esboniad neu syniad newydd.

Ymarfer 10

… areas of Wales which suffer from high unemployment, and where the average income is lower than the rest of the country, suffer from more health problems.

… the effect of poverty on health will not be eradicated until incomes rise and unemployment levels decrease.

Crynhoi ac ymateb
Mae ardaloedd tlotaf Cymru'n dioddef o iechyd gwaeth na gweddill y wlad. Dim ond dileu tlodi fydd yn gwella iechyd yn y pen draw.

 Oes angen sôn am incwm yn codi a lefelau diweithdra'n gostwng? Ffordd o ddileu tlodi yw hyn, felly mae dweud 'dileu tlodi' yn ddigon.

Gwrth-ddadl
Rydw i'n adnabod llawer o bobl sy'n weddol dlawd ond sy'n byw yn iach trwy fwyta'n iach ac ymarfer. Does dim rhaid bod yn gyfoethog i fod yn iach.

Ymarfer 11

Atebwch:

Mr Roberts sy o blaid asesu trwy waith cwrs.

Mr Martin sy o blaid arholi trwy arholiad terfynol.

Mae myfyrwyr yn gwneud yn well, yn ôl Mr Roberts, am fod athrawon yn fwy cymwys i ddysgu.

Mae arholiadau terfynol yn well, yn ôl Mr Martin, am na fydd rhieni'n gallu helpu.

Gorffennwch y brawddegau:

Yn ôl Mr Roberts, mae myfyrwyr yn gwneud yn well achos bod mwy o athrawon yn gymwys i ddysgu eu pynciau.

Meddai Mr Roberts ei fod o blaid asesu trwy fodiwlau a gwaith cwrs.

Yn ôl Mr Martin, rhieni sy'n gwneud llawer o'r gwaith.

Mae Mr Martin o blaid arholiadau terfynol, ar ddiwedd y cwrs.

> ✔
> Meddyliwch cyn ysgrifennu! Beth yw eich barn? Rhowch eich barn ar y dechrau, neu ar y diwedd. Yna cyfiawnhewch eich barn trwy roi rhesymau.

Eich barn chi

Rydw i o blaid asesu trwy waith cwrs. Mae rhaid i chi weithio trwy'r flwyddyn, a gyda gwaith cwrs rydych chi'n gwneud gwaith creadigol. Rydych chi'n deall y gwaith yn well. Mae arholiadau terfynol yn dibynnu ar gofio popeth, ond mae sgiliau deall a defnyddio gwybodaeth yn fwy pwysig na dim ond cofio. Rydw i felly yn erbyn arholiadau terfynol.

> ✔ ✘
> Oes angen y frawddeg olaf? Rydych chi wedi rhoi eich barn ar y dechrau. Rydych chi hefyd wedi rhoi'r rhesymau.

Ymarfer 12

Atebwch:

Mae cost addysg mewn ysgol fach yn uchel, o'i chymharu ag ysgolion mawr.

O'u cymharu ag ysgolion mawr, mae ysgolion bach yn cynnig llai o brofiadau o ran corau a thimau chwaraeon.

Mae'n bosibl y bydd ysgolion bach yn cau, am resymau ariannol, ond dydy hyn ddim yn beth da bob tro.

Gorffennwch y brawddegau:

Mae athrawon yn gwneud eu gorau, ond serch hynny dydyn nhw ddim yn gallu cynnig popeth i'r plant.

O'u cymharu ag ysgolion mawr, mae ysgolion bach yn llai tebygol o allu cynnig chwaraeon tîm a chorau.

Mae cost addysg mewn ysgol fach, o'i chymharu ag ysgol fawr, yn fwy drud y pen.

Yn y pen draw, bydd ysgolion bach efallai'n cau am nad oes digon o blant a hefyd am resymau ariannol.

Eich barn chi

Mae ysgolion bach yn gallu rhoi mwy o sylw i ddisgyblion unigol, ac mae eu safonau addysg yn gallu bod yn uchel. Mae ysgolion mawr yn gallu rhoi mwy o weithgareddau amrywiol.

> ✔
> **Rydych chi yma wedi rhoi dwy ochr y ddadl: dydych chi ddim wedi rhoi eich barn. Mae angen i chi ychwanegu brawddeg i roi eich barn, a'i chyfiawnhau.**

Ymarfer 13

Atebwch:

Yn gyntaf, byddai'r bloc o fflatiau'n creu gwaith, yn ail byddai'n dod ag incwm ac yn drydydd byddai'n rhoi statws i Swanvale.

Yn gyntaf, byddai'r bloc o fflatiau'n difetha golwg y dre, yn ail byddai'n difetha'r olygfa i bobl eraill ac yn drydydd byddai'n difetha cymeriad y dref.

Gorffennwch y brawddegau:

Yn y lle cyntaf, bydd y fflatiau'n creu llawer o swyddi.

Yn yr ail le, bydd incwm yn dod i'r dre trwy drethi lleol.

Yn y trydydd lle, bydd yr adeilad yn uwch na phob adeilad yng Nghaerdale.

Eich barn chi

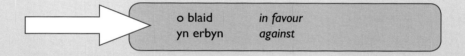

o blaid   *in favour*
yn erbyn   *against*

Byddwn i'n pleidleisio yn erbyn y cynllun. Mae'r adeilad yn llawer rhy uchel, a byddai'n difetha golwg y dre. Rhesymau ariannol yw'r unig rai o blaid yr adeilad. Bydd yr adeilad yn difetha'r olygfa o'r môr i bobl eraill, a bydd y dre'n colli ei chymeriad.

✔ ✘
Rydych chi wedi rhoi eich barn i ddechrau. Efallai y byddai'n well rhoi eich barn ar y diwedd, ond mae'r rhesymau'n cyfiawnhau eich barn yn dda.

Ymarfer 14

Atebwch:
Ar gyfartaledd, mae pobl ifanc yn treulio pedair awr bob nos wrth eu cyfrifiadur.

Mae'r cyfrifiadur yn dod yn ganolfan adloniant y cartref, ac mae mwy a mwy o bobl ifanc yn treulio mwy a mwy o amser ar y cyfrifiadur.

Bydd y teledu a'r cyfrifiadur yn dod yn un, felly bydd adloniant yn y cartref yn dod yn fwy rhyngweithiol (*interactive*).

Gorffennwch y brawddegau:
Mae llawer o rieni'n ofni bod plant yn mynd i wefannau peryglus.

Yn y dyfodol bydd y teledu a'r cyfrifiadur yn cyfuno, a bydd pobl yn cael adloniant yn y cartref trwy'r un system.

Ar gyfartaledd, mae pobl ifanc yn treulio pedair awr y nos ar y cyfrifiadur.

Eich barn chi
Mae pobl ifanc yn treulio llawer gormod o amser ar y cyfrifiadur. Tua phum mlynedd yn ôl roeddwn i'n gwylio'r teledu am dair awr bob nos, ond erbyn hyn mae'n well gen i ddefnyddio'r cyfrifiadur. Mae'r cyfrifiadur yn gallu dangos ffilmiau, chwarae caneuon ac rydych chi'n gallu cysylltu â ffrindiau trwy'r nos. Wrth gwrs mae rhai gwefannau peryglus ar y rhyngrwyd, ac mae'n bwysig peidio mynd iddyn nhw. Mae'r cyfrifiadur wedi rhoi byd newydd i bobl ifanc, ac er bod pobl mewn oed yn credu bod y byd hwn yn afreal, mae'r cyfrifiadur yn cysylltu pobl â'i gilydd. Ond wrth gwrs, mae'n bwysig gwybod am y peryglon hefyd.

> ✔ ✘
> Rydych chi wedi sôn am rai o fanteision ac anfanteision y cyfrifiadur. Efallai y byddai'n well newid y drefn: rhowch fanteision y cyfrifiadur i ddechrau, wedyn yr anfanteision. Aildrefnwch y paragraff.

Ymarfer 15

Atebwch:
Saesneg yw iaith cartref y rhan fwyaf o bobl ifanc, a dim ond 7% sy'n byw mewn cartrefi Cymraeg.
Mae'r rhan fwyaf o bobl ifanc yn dysgu Cymraeg mewn ysgolion Cymraeg, ac mae nifer hefyd yn dysgu Cymraeg mewn ysgolion Saesneg.
Mae pobl ifanc yn gallu defnyddio'r Gymraeg yn yr ysgol ac mewn digwyddiadau Cymraeg, ond mae angen datblygu cyfleoedd newydd.

Gorffennwch y brawddegau:
Y gwir amdani yw bod y rhan fwyaf o bobl ifanc yn siarad Saesneg gartref, ond yn dysgu'r Gymraeg yn yr ysgol.
Mae'r rhan fwyaf o bobl ifanc yn byw mewn cartrefi Saesneg.
Mae rhai mudiadau, heb os, yn trefnu digwyddiadau Cymraeg, ond mae angen mwy o gyfleoedd i ddefnyddio'r iaith.
Yn y pen draw bydd y Gymraeg yn ffynnu pan fydd pobl ifanc yn mynd ati i drefnu digwyddiadau Cymraeg ac i siarad Cymraeg pan fyddan nhw'n cychwyn teulu.

Eich barn chi
Does dim llawer o gyfle i ddefnyddio'r Gymraeg y tu allan i'r ysgol. Os ydych chi'n dysgu Cymraeg, mae rhaid cael clwb Cymraeg yn yr ysgol er mwyn siarad yr iaith. Mae angen i ysgolion drefnu gweithgareddau y tu allan i oriau ysgol er mwyn i bobl ifanc ddefnyddio'r Gymraeg yn gymdeithasol. Hoffwn i fynd i gigs Cymraeg, ac fe hoffwn i ddefnyddio'r Gymraeg gyda ffrindiau sy'n dysgu Cymraeg.

✔ ✗
Cyn rhoi eich barn, meddyliwch am y cwestiynau hyn:
Oes digon o gyfle i ddefnyddio'r Gymraeg?
Faint o gyfle sy gan bobl ifanc i ddefnyddio'r Gymraeg?

Ydy ysgolion yn gwneud digon i gael pobl i siarad Cymraeg?
Ble hoffech chi weld mwy o Gymraeg yn cael ei defnyddio?

Ymarfer 16

Atebwch:

Dydy rhai o'r cynghorwyr ddim am gael y parti am y byddai problemau gyda'r tai bach, gwersylla a chludiant.

Byddai'n well gan rai ohonyn nhw gael cyngerdd mewn stadiwm, neu fynd i gyngerdd glasurol.

Byddai'n well i'r trefnwyr wneud trefniadau ar gyfer y 30 000 o bobl a fyddai'n dod, trwy ddarparu tai bach, gwersyll a bysiau.

Eich barn chi

Byddwn i wrth fy modd i gael y parti yn y parc. Mae angen rhoi gweithgareddau fel hyn i bobl ifanc. Rydw i wedi bod mewn cyngerdd yn y parc ddwy waith. Roedden nhw'n ardderchog - roedd pawb yn mwynhau yn yr awyr iach, a neb yn poeni am y tywydd. Mae rhaid i'r trefnwyr wneud yn siŵr fod neb yn dod i mewn am ddim, ac mae rhaid iddyn nhw drefnu stondinau bwyd, tai bach, a'r llwyfan wrth gwrs. Byddai'n well gen i gael parti yn y parc na mynd i stadiwm, er bod cyngerdd mewn stadiwm yn gallu bod yn dda hefyd. Byddwn i'n rhoi caniatâd i'r parti, ac yn gwneud yn siŵr bod trefniadau teithio da.

> ✗ Mae brawddegau 2, 3 a 4 yn yr ateb hwn yn rhoi eich profiad chi, nid eich barn chi! Mae angen i chi ddefnyddio dadleuon, a chyfiawnhau eich barn trwy roi rhesymau!

Ymarfer 17

Atebwch:

Dw i ddim yn synnu bod cyflog menywod yn llai, am fod menywod wedi cael llai o arian na dynion trwy'r ugeinfed ganrif, ar y cyfan.

Dw i ddim yn siŵr a ydy cyflog menywod yn llai na chyflog dynion yng Nghymru, ond dw i'n tybio bod hyn yn wir yma hefyd.

Dw i'n poeni bod cyflog menywod yn llai, achos dydy hyn ddim yn deg. Dylai pawb gael yr un gyfradd am yr un gwaith.

Mae menywod yn gweithio llai o oriau goramser, felly maen nhw'n ennill llai mewn wythnos.

Crynhowch:

Mae gwahaniaeth o hyd rhwng cyflog menywod a chyflog dynion, ond mae'r bwlch yn mynd yn llai. Wedi dweud hynny, mae'r gwahaniaethau'n amrywio yn ôl rhannau'r wlad. Yn rhyngwladol mae'r bwlch yn fwy. Mae dynion yn gweithio mwy o oriau goramser, felly maen nhw'n ennill mwy.

Eich barn chi

Dw i'n credu y dylai menywod gael cyflog cyfartal. Dw i'n poeni bod menywod yn ennill llai, achos maen nhw'n gallu gweithio'n well na dynion. Yn aml dynion sy'n cael y swyddi uchaf. Dw i'n synnu bod y llywodraeth ddim wedi gorfodi system sy'n rhoi'r swyddi uchaf i fenywod a dynion yn gyfartal. Dw i wedi darllen digon i wybod am y sefyllfa yn gyffredinol, ond dw i ddim yn siŵr am y sefyllfa ym mhob swydd. Mae angen edrych ar ystadegau'r llywodraeth i wybod y sefyllfa'n iawn. Yn aml mewn swyddfeydd, dynion yw'r rheolwyr, a menywod yw'r ysgrifenyddesau, felly mae bwlch amlwg yn gallu digwydd o ran cyflog. Yn y byd addysg, mae'r sefyllfa'n gallu bod yn fwy cyfartal.

> ✗
> Menywod yn gweithio'n well?
> Pwy sy'n dweud hynny? Ydych
> chi'n gallu cyfiawnhau hynny?
> Cadwch at resymau iawn!

Ymarfer 18

Atebwch:

Mae cyfradd uwch o bobl yn cael eu lladd mewn amaethyddiaeth nag mewn unrhyw ddiwydiant arall.

Mae un o bob cant o weithwyr yn y diwydiant mwyngloddio'n cael eu hanafu, ac mae hyn yn waeth nag unrhyw ddiwydiant arall.

Er bod cyfradd uwch yn cael eu lladd mewn amaethyddiaeth a chyfradd uwch yn cael eu hanafu'n ddifrifol wrth adeiladu, mae cyfradd uwch yn cael anaf mewn mwyngloddio.

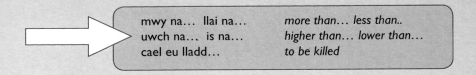

mwy na... llai na...   more than... less than..
uwch na... is na...   higher than... lower than...
cael eu lladd...   to be killed

Crynhowch:

Cafodd mwy na 200 o bobl eu lladd yn y gwaith mewn blwyddyn. Y diwydiant mwyngloddio oedd y gwaethaf am anafiadau, y diwydiant amaethyddiaeth am farwolaethau, a'r diwydiant adeiladu am anafiadau drwg.

Eich barn chi

Yn anffodus, mae angen mwyngloddio er mwyn cael glo, metelau, cerrig ac ati, sy'n angenrheidiol ar gyfer ein bywyd ni heddiw. Mae hi'n bosibl dadlau bod y diwydiannau hyn yn llawer llai peryglus nag yn y gorffennol, ac mae rheolau diogelwch yn gorfodi cwmnïau i weithio'n ddiogel. Mae'n werth cofio bod pobl yn cael eu talu'n dda yn y diwydiant mwyngloddio, am fod y gwaith yn galed, ac am fod elfen o berygl. Mae elfen o berygl mewn bywyd, wrth groesi'r heol ac wrth yrru car. Dydyn ni ddim yn gallu osgoi pob perygl.

Ymarfer 19

Atebwch:

Mae'r awdur yn dweud bod y coed yn hen, a bod Nelson wedi defnyddio'r pren.

Does dim tystiolaeth yn y llythyr fod dim galw am addysg Gymraeg, ond mae'r awdur yn honni bod pobl yr ardal yn cytuno ag e.

Mae'r awdur yn awgrymu bod traddodiad y coed yn fwy pwysig nag addysg Gymraeg. Dydy e ddim yn sôn am draddodiad yr iaith Gymraeg.

Crynhowch:

Mae'r awdur yn dadlau nad oes neb yn yr ardal yn siarad Cymraeg, ac felly nad oes galw am addysg Gymraeg a bod cadw'r coed yn bwysicach.

Eich barn chi

> ✔
> Wrth ymateb, mae'n dda eich bod yn gallu gwahaniaethu rhwng ffeithiau a barn neu ragfarn.

Annwyl Syr,
Mae'r awdur yn honni nad oes neb yn East Cross yn siarad Cymraeg, ond mae ffigurau'r cyfrifiad diwethaf yn dangos bod 10% o bobl yr ardal yn siarad yr iaith.
Mae'r diddordeb pennaf yn yr iaith ar hyn o bryd ymysg y di-Gymraeg, ac mae'r galw am addysg Gymraeg yn cynyddu bob blwyddyn.
Does dim ysgol Gymraeg o fewn pedair milltir i East Cross, a byddai ysgol Gymraeg newydd yn llenwi'n gyflym.
Manteision addysg Gymraeg yw rhoi ein hiaith genedlaethol yn ôl i bobl, a rhoi i blant allu yn y ddwy iaith yng Nghymru.
Bydd hi'n bosibl plannu coed yn lle'r coed sy yno'n awr. A dw i ddim yn credu bod angen coed derw ar y llynges heddiw.
Yn gywir,
Helen Huws

Ymarfer 20

Atebwch:
Maen nhw'n credu mai amddifadedd yw un o'r pethau sy'n gyfrifol am droseddau ieuenctid.
Maen nhw'n awgrymu bod lle i ysgolion yn yr ateb i'r broblem, ac maen nhw'n awgrymu bod tua phedair neu bum ffactor risg o bwys.
Mae'r erthygl yn nodi nifer o anawsterau, a dyw'r ateb i'r broblem ddim yn mynd i fod yn hawdd.

> ✔ Mae'n iawn rhestru pethau wrth grynhoi.

Crynhowch:
Mae'r erthygl yn awgrymu mai'r prif ffactorau risg yw problemau yn y cartref, cyrhaeddiad isel yn yr ysgol, camddefnyddio cyffuriau, salwch meddwl, digartrefedd a phwysau gan bobl ifainc eraill. Mae'r Swyddfa Gartref yn cyflwyno sawl mesur gan gynnwys cynlluniau gweithredu, gwneud iawn, gorchymyn rhieni a thagio electronig.

> ✔ Mae'n dda eich bod chi'n dysgu, cofio a defnyddio geirfa newydd.

Ymarfer 21

Prif bwyntiau

1. Mae alcohol yn achosi niwed mawr i'r corff ac mae miloedd yn marw wrth yfed gormod o alcohol.
2. Mae damweiniau a chlefydau'n digwydd wrth i bobl yfed gormod o alcohol, ac mae'r corff yn dirywio.
3. Mae yfed ychydig o alcohol yn gallu helpu gydag ambell gyflwr, ac mae'n help i ymlacio.

Deall:

1. Mae'r afu'n dioddef, ac mae'r cyhyrau'n dirywio.
2. Mae damweiniau'n digwydd, mae pobl yn lledaenu clefydau trwy ryw, ac mae esgyrn y corff yn dirywio.
3. Mae ychydig o alcohol yn gallu bod yn dda i'r galon, i'r pwysau gwaed, i atal clefyd *Alzheimer*, ac i gymdeithasu.

Ymarfer 22

Prif bwyntiau:

Mae rhai'n dadlau y byddai unrhyw fyddin yng Nghymru yn rhy fach, a hefyd na fyddai'n ddigon nerthol. Oherwydd hyn ni fyddai Cymru'n gallu ei hamddiffyn ei hun yn erbyn ymosodwyr.

Mae'r awdur yn dadlau bod Cymru bob amser wedi cyflenwi mwy na'i siâr o filwyr i fyddin y D.U. Pe bai gwlad bell yn ymosod ar Gymru, byddai wedi gorfod ymosod ar Ewrop yn gyntaf. A byddai Cymru annibynnol mewn partneriaeth gyfeillgar â gwledydd eraill annibynnol yr ynys.

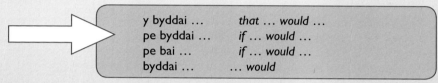

y byddai ...	that ... would ...
pe byddai ...	if ... would ...
pe bai ...	if ... would ...
byddai ...	... would

Deall:
1. Does dim perygl y bydd gwledydd eraill yn ymosod ar Gymru, heb iddyn nhw yn gyntaf ymosod ar weddill Ewrop.
2. Byddai byddin Cymru'n gallu cyfrannu at heddwch y byd trwy fod yn aelod o sawl cynghrair a phartneriaeth, gan gynnwys â gwledydd eraill yr ynys, Ewrop, y Cenhedloedd Unedig a NATO.

Ymarfer 23

Prif bwyntiau
1. Bu farw 35 000 o bobl yn Ewrop oherwydd y don wres ym mis Awst 2003.
2. Mae angen rhoi mwy o sylw i effaith tonnau gwres ar bobl, gan fod y byd yn debyg o gynhesu yn ystod y ganrif.
3. Er mwyn ceisio lleihau'r cynnydd mewn cynhesu byd-eang, mae angen lleihau ein cynnyrch o garbon deuocsid.

Deall

1. Mae'r byd yn debygol o gynhesu, felly bydd mwy o bobl yn marw oherwydd y gwres.
2. Mae'r corff yn chwysu, ac mae'n pwmpio gwaed o dan y croen.
3. Dydy cyrff y rhain ddim yn gallu ymateb mor dda i'r gwres â chyrff oedolion iach.
4. Cyrhaeddodd tymheredd y D.U. 100 gradd am y tro cyntaf ers dechrau cadw cofnodion tymheredd.
5. Mae angen i bobl leihau'r carbon deuocsid sy'n cael ei ollwng i'r awyr.

Ymarfer 24

Prif bwyntiau

Mae llawer mwy yn beichiogi yn yr arddegau yn y D.U., o'i gymharu â gwledydd eraill, a chwe gwaith mwy nag yn yr Iseldiroedd.

Mae'r uned all-gau cymdeithasol yn awgrymu bod y canlynol yn ffactorau: disgwyliad addysg isel, diffyg cyfle gwaith, anwybodaeth am atal cenhedlu, a negeseuon cymysg o fyd oedolion.

Mae Brook yn nodi tri phrif ddull o wella'r sefyllfa, sef gwell addysg ryw, gwell gwasanaeth i bobl ifanc, ac agwedd fwy agored at ryw.

Mae Civitas yn honni mai gwendid yn y cartref yw achos y broblem.

Deall:

1. Mae'r llywodraeth am ddatrys y broblem trwy gael help rhieni a'r system addysg.
2. Y prif wahaniaeth, yn ôl Brook, yw bod gan wledydd y cyfandir agwedd fwy agored a real at ryw.
3. Mae Civitas yn honni mai yn y cartref y mae gwraidd y broblem.

Tasg:

Yn eich erthygl, mae angen i chi sôn am ffeithiau. Byddwch chi'n sôn am ymdrechion sy'n cael eu gwneud i ddatrys y broblem, a byddwch chi'n sôn am farn pobl eraill. Cofiwch wedyn fod angen i chi roi cyngor ar sail y ffeithiau yma.